Pincelada de amor III
Jejemi, personal e íntima

Jejemi Torres

Jejemi Torres, Pincelada de amor III: Jejemi, personal e íntima

ISBN- 9781093754223

Yai Dalie Rodríguez
Editora

Pablo León Hernández
Diseñador Fisico

Jimmy Verdecia Ricardo
Ilustrador

Paola Natalia Sánchez
Diseñadora Gráfico

Fotografo:
Adner Félix Jr. Laboy Torres

Dedicatoria

"Te tocó ser la otra… pero no tienes que pertenecer en ese lugar por siempre, ya que para Dios, para ti y los tuyos siempre serás primera."

En ocasiones, nos exponemos al sinsabor de la soleda, y por un poco de atención y caricias olvidamos el amor propio y hasta nos rebajamos a la merced de otro que ya tiene su vida construída. Aquel "macho" que solo nos necesita para saciar sus caprichos y necesidades.

A ti mujer hermosa, emprendedora e inteligente, quítate la venda de los ojos y al verte con claridad al espejo reconoce allí… Precisamente allí, quien es tu mayor reflejo de Amor.

Sí, esa eres Tú la que llena de lágrimas, decepción y desolación puede llenar un mundo nuevo de ilusión, sueños y canción.

Este poemario te lo dedico a ti, que alguna vez amaste tan intensamente que te olvidaste de ti misma y el maravilloso ser que eres. Amaste a "ese" que era ajeno y te enteraste muy tarde.

Nunca jamás seas esa otra, la concubina, a la que en críticas llamarán "la Amante."

Dios te ha dado un nuevo día y un nuevo despertar para que camines por la vida del perdón llena de orgullo; no a escondidas. Ámale a Él y Él, nuestro Dios y Señor te enseñará el amor incondicional y eterno.

Nota del ilustrador

Ha sido una gran experiencia trabajar la ilustración inspirado en los poemas de Jejemi torres. Ella transmite la intensidad del color en su poesía.

Con la mística que solo aportan las musas del amor y la fraternidad consciente de la existencia, esta poetisa adquiere toda mi atención en el plano ilustrativo por lo osado del desnudo y lo hermoso de la palabra escrita, observando desde un punto de vista lúdico y creativo.

He disfrutado cada centímetro de pinceladas para dar color a su obra poética.

Un verdadero honor contribuir a este precioso proyecto.

~Jimmy Verdecia Ricardo
2018

La historia

Érase una vez la más enamorada mujer del hombre que soñó su rey…

Cuando se topó con la peor noticia, de que su "Príncipe Azul" tenía dueña.

He aquí a continuación la historia en versos de una mujer que creyó ser la única y resultó ser la AMANTE.

Mi principe azul y yo

Al parecer...

Al parecer ya conoces lo peor de mí...
Aunque te puedo hacer feliz y reír.

También existen momentos en el mes que puedo ser
ruin...
Soy humano y más porque soy mujer, pues tantos
cambios a la vez, quizás sean difíciles de comprender.
Te pido disculpas por mis groserías me mantendré más
enfocada en agradarte a ti también...

Eres una de las personas que más amo en mi vida y por
mis reacciones no te quiero perder; mi amor el dueño de
todo mi ser; qué dichosa soy cuando me quieres bien.
Nada es tan dulce como tus besos, nada es tan tierno
como el roce de tu piel, nada pero nada es tan bello
como poderte merecer.

Solo me queda saber si aún con todos mis defectos
tenerte es algo que yo deba merecer.

Descripción y Cita

Cual piel de ébano y tan profunda mirada me conquistó tu atención y tus palabras.

No me sorprenden tus halagos, pues no esperaba menos de un hidalgo.

En cita pendiente quedamos, no sé a dónde vamos, pero todo esto me va gustando.

Al roce de nuestros labios

Siento toda la pasión que llevas dentro y al saborear tus besos enloquezco con tu aliento.

Mientras jugueteo con tu lengua, despiertas mis deseos más profundos los cuales desconocía y se encienden cada vez más, mi dicha.

El roce de mis labios en el más profundo momento logró saborear tu dulce néctar.

El néctar que emana del centro de tu árbol y se desborda mi boca por sed de libar como abeja que succiona todo el polen de una flor en plena primavera.

Al roce de nuestros labios la presión con cual nos besamos, queda ya confirmado que cuando estamos en ese "momentum" somos dos almas que crean un solo espíritu.

Desde que te conocí

Desde que te conocí, ¡nada de lo que hago tiene sentido si tú no estás aquí!

Juntos logro percibir amor.
Juntos adoro perseguir tu calor.
Juntos ni con todo el oro del mundo puedo escribir lo mucho que te atesoro.

Desde que te conocí mi vida tiene un sentido diferente, un nuevo color y un gran arcoíris en mi día más gris.

Qué bien me siento cuando me quieres feliz, y todos mis logros y esfuerzos te los debo a ti, ¡por hacerme reír!

En la oscuridad y el silencio

En la oscuridad y el silencio de este aposento solo logro escuchar tu voz y ver tu rostro en mi recuento, tan cerca al mío que siento besarlo... y es cierto.

A altas horas de esta noche solo queda escrito en un verso cuánto te amo y te deseo.

Acechada por la pasión que despierta mi imaginación, provocando mi propia emoción se escapa una Pincelada de Amor en mi más profundo grito escondido en un fulgor.

Rendida de sueño, te sueño mi amor y al amanecer ahí estás tú con tu voz y Linda Melodía en mis oídos, haciéndola canción, alterando así mis ganas de seguir porque hacerlo mío es lo mejor.

Cuando no estoy en mis sentidos

No dejo de pensarte y hasta se me agua la boca al escuchar las canciones que tanto quisiera dedicarte.

Dejando escapar de mí el verdadero yo estoy llena de deseo, de pasión y ganas de amarte una y otra vez.

Dispuesta a todo lo que pidas para sentirte mío descargo mis pensamientos en nuevas formas de cómo hacerte el amor.

Pero ya hasta las altas horas que tanto te disgustan por mi falta de descanso solo hallo escribirte versos y hasta me espanto.

Por ser tú mi primera alternativa para depositar todo lo que llevo en el pensamiento y en el corazón.

Soy sencilla y aquí te lo confieso pídeme el universo y de la forma en que TE AMO no bastará dedicarte mi más lindo verso.

Enamorada

Si alguna vez me sentí enamorada solo fue pasajero, pues el cariño que hoy por ti siento es tan sincero que me confunde el sentimiento...

Sé que querer y amar no es lo mismo y por eso no me explico lo que contigo vivo.
Experimentando un nuevo momento y surcando en un nuevo cielo como aves en el firmamento.
Cuanto más voy a merecer si tu cariño me quita timidez me hace sentir única y al mismo tiempo me dejas y te dejo ser tú mismo.

Cómo me desvisto... y en la desnudez de la pasión solo encuentro conseguir el apoyo y el ensueño de un hombre que me da la confianza de ser su mujer y una persona mejor.

Con amor 🖤

Forma de amarte

A pesar de las dificultades encuentro las más bellas
oportunidades para poder dedicarte en versos mis
verdades.

Me has enamorado y no sabes cuánto más son mis
capacidades las cuales afloran con tan solo escucharle,
a usted mi rey, mi tesoro, mi hombre, el nuevo dueño de
mis afanes y andares, que de hoy en adelante mi
promesa, no solo de amor pero también de cantares.

Mi hombre

El hombre cual vivo locamente enamorada

ese hombre que es el dueño de mis sueños,

ese que de mi alma, espíritu y corazón es el dueño.

Ese que al caminar de paso es un ensueño.

El que es sincero, amoroso, honorable y cariñoso.

Mi hombre...

Ese que pisa firme y es seguro, que como persona ninguno.

Ese que se entrega y da todo por uno, más por uno recibe todo.

Ese que cuando se te mete dentro, no se sale ni aunque intente sacarse.

Ese... mi hombre, el que calma mis ansiedades y él es el propietario de mis más bellos y nuevos versos.

Ese hombre que es sacrificado y al mismo tiempo abnegado.

Mi hombre, el que con su voz despierta mis más profundos deseos y en la quietud de su ternura se apodera de mí cada día más y más.

Mi hombre… ese eres tú.

Mi rey

Mi rey, mi tesoro escondido.
Que llegó a mí sin haberlo perseguido.
Me has llenado de amor sin haberlo pedido.
Te has convertido en mi nuevo universo y me has
enamorado paso a paso...
Quiero vivirte sin miedos y confiada en un futuro, que
aunque sea incierto, ¡es nuestro!

Mi amor y su grandeza

Y en cada noche cuando te dedico mis poemas tengo la certeza de mi amor y su grandeza.

Ya comprometida quedé de mi promesa pues es la última prueba de mi amor y su grandeza.

Ya todo está cumplido por mi parte, y en el tope de todo sigo aquí, esperando por tu amor en recíproco.

Cuando ya me rindo ante tus deseos como esclava de tu amor quiero dejar en decreto mi amor y su grandeza.

Dejé de ser toda mía para convertirme totalmente tuya, y la muestra está en mis actos, mi amor y su grandeza.

Hoy he roto un contrato, y renovado uno nuevo porque tu adoración y cariño me han llevado a donde alguna vez nunca dejé de intentarlo.

Mi amor y su grandeza sobrepasa mi ego, mi dignidad, y mi reputación.

Pues te amo tan grandemente que no sé si tú lo sientes pero es algo elocuente lo que digo y siento.
Y más hermoso aún, este amor es para siempre.

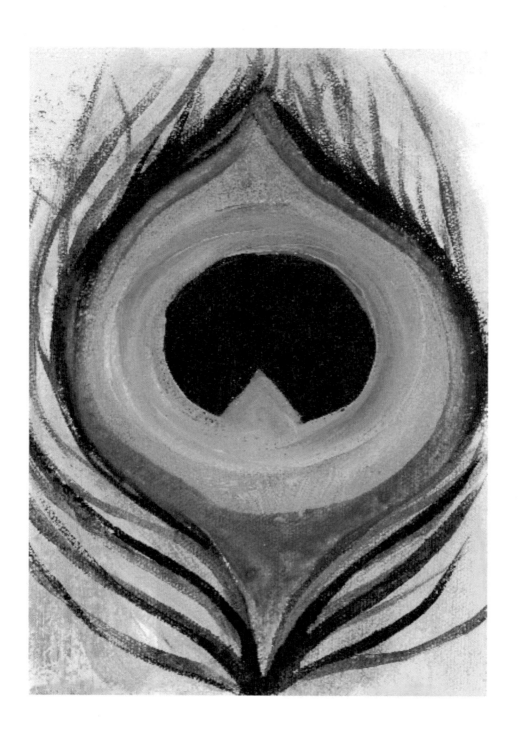

21

Nunca...

He llegado a la conclusión de que el verdadero amor soporta muchas cosas.

Pero quiero que sepas que dentro de mis miedos estoy satisfecha.

Si por alguna razón dejo de llamar, Nunca dejaré de escuchar tu voz.

Si alguna vez te dejo de buscar, Nunca dejaré de extrañarte como hoy.

Si alguna vez te dejo de amar, NUNCA PERO NUNCA pienses que es verdad, pues mi amor por ti es el más fuerte que lo que en mi vida he querido desde niña y un amor como el tuyo es aquel que siempre se guarda en la memoria y el alma.

No quiero pensar

No quiero pensar que conmigo pasas el tiempo, pero del bueno sí lo creo; paso el tiempo pensándote, paso el tiempo soñándote, y paso el tiempo imaginándome cómo ha de ser nuestro futuro.

Tan dulce y puro como el de los niños que por primera vez experimentan un beso, y dicen: "¡qué es esto!"

Tan curioso y al mismo tiempo tan cierto, que me adoras y te amo como el ave a su cielo, y los peces a sus mares de donde desemboca el riachuelo.

Mi amor, mi gracia eterna, tú que a mi vida de risas y tantas cosas bellas llenas, que ensueño se desempeña al saberme tuya completita, todita y entera.

No quiero que se quede un día nunca jamás sin dedicarte un verso de amor puro, de amor eterno.

Mi hombre, mi más grande verso, no tienen comparación alguna ni mucho menos puesto; eres para mí lo mejor que mi Dios a puesto en mi vereda, para que de una vez confirme que ahora en la vida me siento completa.

Al hablar de ti y escuchar cómo te idolatro, como uno de mis más grandes triunfos; pues no es competencia esto pero somos como campeones cuando estamos juntos.

Es como descubrir un nuevo mundo donde tú eres mi patria y yo soy tu bandera.

Es tú melodía hecho mi poema

Saboreando tus más esenciales manantiales dejas en uno de tus gemidos el más gustoso y caliente trago bajar por mi garganta.

Eres tú melodía, hecho mi Poema

Que después de haber intimado otro de nuestros encuentros;
Queda plasmado en este verso el toque de mis poemas en tus besos

Eres tú melodía hecho mi poema

Y al compás de tus agitadas caderas logro sentirte en mi profundidad.

Y en ese preciso momento donde tú y yo somos dos cuerpos y un sentimiento vivo lleno de paciencia.

Tú melodía hecho mi poema, el más lindo recital se escucha en la huida de mi quegido pasional, donde en ese preciso momento soy enteramente tuya...

Convirtiéndome en el poema que se volvió tu melodía.

En lo más profundo

Logras estremecer mi cuerpo al compás de tu melodía...

En lo más profundo logro sentirte tan íntimamente que mis gemidos no son suficientes para definir el placer de tenerte.

Saborearte en lo más profundo, logro reconocer tus capacidades carnales y perder ante tu presencia mi último sentido de amor propio.

En lo más profundo, desearte es tan colosal que no logro ser invulnerable a la pasión que ambos cargamos dentro, que con la explosión de tu ego me vuelvo diminuta ante tu sosiego.

En lo más profundo la incandescencia de tu cuerpo desbordando mi bandujo confirmas de una buena vez cuánto no te disgusto.

Al rozar tus labios en lo más profundo se escapa de mí el único TE AMO que habre una vereda, dejándole pasó a tu órgano viril la sensación de seguir.

En lo más profundo, reconocemos que lo nuestro no es pasatiempo, más bien una de las más hermosas formas de sentirte mío y hacerme tuya.

En lo más profundo, al cabo de nuestro ayuntamiento, me abasteces de tu elocuente personaje, dejándome con sed de erotismo, sin dejar a un lado las ganas de seguirte amando.

Ya estoy aprendiendo

Tú me has enseñado dulzuras que no me pensé capaz sentir.
Te juro que te amo como se jura amor eterno.
No te quiero espantar con los sueños que busco día tras día hacerlos realidad.
Eres el amor de mi vida y en estos momentos mi vida gira en torno a NUESTRA felicidad.
No son ironías, ¡más bien dichas de vivir enamorada y vivirte en mi realidad todos los días!

Más allá de lo natural

Lo que para alguna otra mujer puede ser normal para mí es algo fuera de lo normal.

Y personalmente me encantan las cosas únicas, auténticas, diferentes y difíciles de copiar.

Tu originalidad me ha enamorado, tu carisma me ha hechizado y tu cariño me ha llevado más allá de lo natural.

Reconociendo que nuestra relación es sobrenatural, quiero también expresar que no existe nada tan especial como poder despertar y regalarte todos los días de mi vida el sentimiento más único y fascinante como el de poderte amar.

Promesa de amor

Lo prometido es un cumplido sin cumplir,
pero como yo cumplo con mi palabra que no quede nada
más que decir.

Tú eres mi más grande promesa de amor, la que no solo
con un verso se ha de cumplir.

Tú eres mi más grande promesa, que en una Linda
Melodía se hace canción.

Tú eres mi más grande promesa, que con esa hermosa
sonrisa se vuelve felicidad.

Tú eres mi más grande promesa, que con desearte me
vuelvo la dama más sensual

Tú mi más grande promesa, que con extrañarte la
distancia se corrompe en una llamada.

Más bien una sensual dama que al desearte, en la
distancia con una llamada, escucha la dulce sonrisa que
encierra la felicidad y guarda en canción una Linda
Melodía; se vuelve un verso cuya promesa de amor
queda cumplida.

Sentirme tuya

Me da vida y me alegra el día.

Aunque las cosas sean complicadas, quiero que sepas
que dentro de mí las dudas están claras.
Tengo ventaja de sentirme tuya, pues no como las aves
que vuelan sin rumbo, yo siempre llego a tu mundo.
De alguna forma u otra me haces sentir tuya y el amor
que por ti siento todo lo rebasa.
Le das un giro de quietud a mis ansias y la forma en que
me me siento tuya me alimenta el alma.

Sentirme tuya me basta para enfocar mi vida y la
prioridades, ya que tú eres y te has vuelto el causante.

Descubriendo la verdad

A veces

No sé qué pensar o qué piensas.

Pues tú me confundes muchísimo; es como si fuésemos un subibaja.

Si estoy lejos me deseas tan intenso como río cauteloso en plena tormenta y otro día de frente eres frío como témpano de hielo, y seco como el más grande desierto...

Pero al oír tu explicación solo me queda el sosiego de tu cariño, aunque yo te ame mucho más.

Cariño mío, solo a ti te digo que me sobra el amor para darte, y me falta paciencia para comprender o ser paciente...

Entrégame en la soledad

Entrégame en la soledad el más caluroso beso que a pesar de que no te merezco porque te siento ajeno te deseo cada vez más en el silencio.

Devuélveme en tu sonrisa la felicidad que solo en tu amor encuentro, y no me juzgues porque quiere que mi dolor sea menos al cesar.

Si supieras vida mía que mi amor por ti va más allá que los mismos sueños que contigo pueda alcanzar.

Que solo rezo y ruego que las lágrimas que brotan de mi dolor también las pueda recompensar.

Que te amo en la soledad y el silencio y nada de eso me importa tanto como la idea de nunca más en brazos estar, porque para mí TÚ ERES LO MÁS ESPECIAL.

Las horas en el teléfono

Las horas que comparto al teléfono se divide en tres
Nos entretienen día a día, te mantengo ocupado para
desviar el enfoque laboral y las horas que no podemos
pasar juntos la compensamos con nuestras voces al
unísono hechas melodías.

Y al paso del tiempo eso cambió pues vida mía ya todo
eso ha cambiado ya no escucho tanto tu voz, Y me es
extraño el que te estés perdiendo. No importa cuánto
empeño por alguna razón tu tiempo no lo estoy teniendo.

Que las horas que comparto al teléfono se estan
desapareciendo…

Algo anda mal y no comprendo tu comportamiento, se
sincero conmigo y ganaras mi respeto.

Qué bonito...

Que tal que te vi y a la hora de regresar tu llamada nunca la recibí.

Qué bonito...

Me parece que entonces ahora debemos distanciarnos un poco ya que importante es para mí escuchar su voz pero más importante aún es su reposo.

Qué bonito es cuando manifiesto y demuestro que para ambos es importante lo que los dos queremos.

Disculpa las groserías que aunque para ti sea una tontería, para mí es muy importante escuchar el amor de mi vida.

Tengo que cuidarme

Después de que haya construido mi imperio no creas
que le voy a permitir a ninguna que me robe lo que tanto
he sacrificado.

No soy idiota y mucho menos tonta...

Ten mucha precaución a quien le permites destruirme
pues solo conmigo me es suficiente...
Y estás antes de mí, pero después de mí, si no lo
quieres escuchar no te pongas bruto.

Respétame si quieres de mí lo mismo; no arriesgues mi
amor por un momento.
Ya basta con lo que tenemos.

Al final todo se sabe... ¿Cómo lo acepto?

Amarte es mi pecado

Ya casi el tiempo marcará un tiempo más alla de la fecha cuando te conocí.

Han pasado tantas cosas en tan corto tiempo que no logro comprender cómo fue que me enamoré de ti.

Amarte es mi pecado
Por qué te deseo mío y tienes dueña, te pienso mío y esta distancia no nos acerca, te amo a veces más que mí misma, más me pregunto si vale la pena y lo hago.

Amarte es mi pecado
Pues me entrego corriendo riesgos, me he dispuesto para ti sin medir, y a veces me vuelvo a preguntar: "¿Por qué te amo si no es para tanto más bien para siempre?"

Pero para siempre quedaré condenada y encarcelada porque aunque amarte sea mi pecado, el placer que se comparte quede desagrado en un corazón enamorado, mordiendo de rabia y satisfacción de sentirme querida, adorada y deseada por un hombre que jamás pensé en la vida tener.

Amarte es mi pecado
Y aunque pierda el cielo por amarte entonces déjame arder en el fuego y que en cenizas quede escrito uno de los tantos versos el cual cuenta lo mucho que te amo.

En medio de un desastre

El AMOR que por ti siento podrá soportar la distancia, y hasta tu situación marital.
Pero el AMOR que por ti siento nunca jamás podría cargar la culpa de incomodidad; que sientas, que tienes que cambiar para agradarme.

Nunca podría ser feliz si dejas de ser quién me enamoró por complacerme.
Nunca...

Lo que vivo sabiendo

Abrazada a tu recuerdo se abre una brecha en mi pecho que me deja vacía y entristecida porque te necesito a ti.

Yo sé que entre tú y yo el futuro no será reconocido porque tus compromisos son más grandes que lo que sientas por mí, amor mío.

No estoy reprochando y mucho menos herida, simplemente aceptando mi batalla perdida.

Sí, ya me rendí, no te voy a dejar de amar "Como en el poema titulado NUNCA" como lo dejé escrito.

Pero me ahoga sentir que compito, que soy tratada de igual manera que donde cabe ella tengo que estar yo para que te sientas completo.

Y mi complemento, donde tú me haces sentir única, especial y amada detrás de cuatro paredes a escondidas lejos de la realidad...

Qué más puede pedir la perfecta amante, silenciosa y callada...
Sé que nunca entramos en esta relación para dañarse o sufrir, pero ¿qué lógica tiene amar a alguien que no te pertenece a ti?

Te doy el universo si lo quieres pero recuerda que ya se acabaron las esperanzas de tenerte.

El fulgor de la tarde se llevó mi ilusión y me dejó el sinsabor de saber que nunca serás mío ni en esta vida o la que contigo soñé.

Soy la peor amante

Nunca tendría el valor de estar enojada contigo. Amarte es lo más lindo que me ha pasado desde que comencé mi nuevo camino.

Cuando te extraño y no te veo, lloro de duelo y no tengo consuelo porque siempre has de ser lo que más anhelo.

Así como al mismo tiempo entiendo que es difícil para ti buscar espacios para mí.

Nunca fue mi intención reclamarte por tu atención pero espero que entiendas también que te necesito un montón.

Ya te he pedido paciencia en lo que me adapto a este nuevo giro, eso de compartirte no va conmigo pero solo me he sometido.

Soy la peor amante por no comprender en ocasiones que no me corresponde de plano los reclamos y mucho menos exigir.

Perdóname tú a mí por tomarme atribuciones que no me competen; no se supone que la cosa sea así.

Nunca jamás

Cólera de una amante

Ahora falta de paciencia, tranquilidad y calma llega a mí el bilis incontrolable de una amante.

La concubina de aquel que se merece todo a cambio de no sé qué tan poco y llena de arrebato no consigue la paz que solo ella sabe quién la da.

Maldecida la barragana que se enamoró perdidamente del don Juan, hoy desgarrada se conforma con llamadas durante el día y una para noche cerrar.

Aquella coima se olvidó del amor propio que con el tiempo le costó tanto recuperar y por deleitante del galán quedó ella llena de exasperación e irritación; se vio obligada a ponerle fin a lo que en cuatro paredes vivió, en silencio quedó y en un quizás nunca porque no hubo agallas suficientes para luchar por el amor.

Pero qué amor si siempre será una fantasía amar al amante, ser la amante y cumplir de paso el título de amante.

Nunca jamás

Ya al paso del tiempo, viviendo un día a la vez sin
planear el futuro y vivir a tu merced... me deja como
barco a la deriva en medio del mar.

Sin rumbo, sin playa a cuál encallar, ya no voy a callar,
no voy a ser tu tercera mitad, la otra, la que muchos
critican y denigrar por ser la que te ama mucho más.

Si me convertí en la Magdalena, la que todos quieren
apedrear, pero por Gracia Divina no me han de lastimar.
Y por amor propio contigo ni un paso más.

Ya a estas altura prefiero sola quedar y sin ser plato de
segunda mesa o la otra nunca jamás...

Escuchando esa voz...

Aceptando la realidad

Tú crees que es puro desconcierto mis reclamos y aunque creas que no son necesarios...

Acepto en realidad y de todo corazón que nunca firmaste conmigo un contrato y mucho menos de palabra quedó pautado que mis momentos de cólera se volvieran algo que quisieras a diario.

Mi decisión no es por tu presente, es para que también reconozcas mi futuro que por más que te amo, te amo y con orgullo.

Tú eres mi mayor razón después de mi niño y creo que muchas veces de esto hemos puesto en escrito.

Yo sin ti soy, pero contigo soy mucho más, y la verdad es que yo no quiero perderte ni mucho menos dar marcha atrás.

Te perdono por callar, te perdono por no querer discutir y qué más puedo decir que a la hora de la verdad vivo contigo y sin ti.

Nadie me dio musa como tú, al fin y la hora de la verdad no te tengo conmigo aquí.

Devuélveme en un beso el amor que te pedí, pero sí, y solo sí te quedarás conmigo para siempre y vivirás en mí...

Nada cambió entre nosotros, solo el hecho de que debemos darnos tiempo para saber en qué paramos.

Tú eres mi universo, te lo he dicho y te lo he demostrado, aunque contigo tenga diferencias no significa que no te amo.

Te amo porque te amo y eso ni la muerte puede cambiarlo, porque tú eres el único dueño de mis más bellos actos...

Biografía del ilustrador

Jimmy Verdecia
(1973)

Artista plástico cubano, residente en República Dominicana. Es miembro del Colegio Dominicano de Artistas Plásticos (CODAP), y de la Asociación Internacional de Artistas Plásticos (AIAP), Unesco. Graduado en Cerámica Escultórica y Gestión Cultural. Ha recibido premios en diferentes eventos artísticos en Cuba, como el primer Premio Cerámica Escultórica de ExpoCaribe -1998- y otros países como el segundo premio con la obra "No more tears, en Concurso "Perspectives", en Francia (2014) representando la República Dominicana.

Ha trabajado a gran formato algunos monumentos, como el Hacha de Holguín (terracota de gran formato), Casa Iberoamericana y uno de los autores de la fuente de la lluvia en rotonda de plaza de la Revolución de Holguín, Cuba. Así también, Cerámicas Escultóricas en el *lobby* de la Sede de la Universidad de Holguín Cuba.

Ha participado en más de cuarenta exposiciones colectivas en Cuba, República Dominicana y Puerto Rico -respectivamente- y diez exposiciones individuales en Cuba y República Dominicana. Actualmente, trabaja en su proyecto "Seres Extravagantes" donde hace una recopilación de personajes de la Zona Colonial de Santo Domingo con la técnica del retrato al óleo. Parte de su obra está en colecciones privadas en República Dominicana, Estados Unidos y Puerto Rico.

Contenido

Made in the USA
Columbia, SC
11 August 2023

21342369R00033